내 우편함은 속이 붉다

내 우편함은 속이 붉다

초판 1쇄 인쇄 · 2019년 10월 25일
초판 1쇄 발행 · 2019년 11월 01일

지은이 · 박상옥 외
발행인 · 황정필
발행처 · 실크로드

주 소 · 경기도 파주시 광인사길 103
전 화 · (031)955-6333
팩 스 · (031)955-6335

등록번호 · 제2010-000035호
이메일 · adad1515@naver.com

ISBN 978-89-94893-32-7(03800)
책값은 책표지 뒤에 있습니다.

2019년 심상시인회 작품집(31)

대 표 작 엔 솔 로 지

내 우편함은 속이 붉다

실크로드
silkroad

머리말

아무것도 아니며 모든 것인 시를 위하여

뒤돌아보면 시에 기대어 걸어온 길이 아득히 멉니다. 어느 길목에서는 웃었고, 어느 모퉁이에서는 울었습니다. 시가 제 발로 뚜벅뚜벅 다가와서 품에 덥석 안기는 축복의 순간도 있었지만, 대부분의 경우 우리는 한 편의 시를 얻기 위해 길고 긴 불면의 시간을 보내지 않을 수 없었습니다.

우리는 그렇게 시를 운명처럼 부둥켜안고 살아왔으며, 살아가고 있으며, 살아갈 것입니다. 그 시절의 끝에서 이제 어떻게 하면 시가 되는지, 어렴풋이 내 앞에서 휘돌아 나가는 시의 길이 보이리라 믿습니다. 그리고 어떤 것은 별것 아닌데 시가 되고, 어떤 것은 멋진 시인 것 같은데 시가 안 되는, 그 기막힌 지점 또한 어렴풋이 손에 잡히리라 믿습니다. 이를테면, 지명知命이나 득음得音의 경지 같은 것 말입니다.

목월 선생님께서 『심상』을 창간하시면서 내건 시의 캐치프레이즈는 신서정新抒情입니다. 신서정이 깊이 끌어안고 있는 정신은 순수입니다. 순수는 새로운 서정의 경지를 열어가되 절대로 훼손되어서는 안 되는 시문학의 절대 가치입니다. 참으로 놀라운 것은 우리 심상시인회의 모든 선생님들이, 단 한 분의 예외도 없이 신서정의 시 세계를 전개해 나가고 있다는 점입니다. 우리가 그 동안 펴낸 서른 권의 작품집에는 어떤 미학 이데올로기에도 걸리지 않는 순수 서정시 일만여 편이 보배처럼 담겨 있습니다.

그게 탑이라면 삼십 층의 장엄한 서정의 탑이며, 그게 강이라면 서른 굽이를 굽이친 서정의 강물입니다. 2019 대표작 엔솔로지 『내 우편함은 속이 붉다』는 그 삼십 층 탑 위에 한 층 더 쌓아올리는 귀한 탑신塔身이며, 서른 굽이의 끝에서 다시 한 번 굽이쳐 흘러가는 강물입니다. 좋은 작품을 보내주신 정회원 선생님들께 깊은 경의를 표하며, 켜켜이 쌓인 연륜의 지층을 더듬어 빛나는 서정의 광맥을 캐내시기 바랍니다.

그런데 시가 무엇입니까, 어찌 생각하면 시가 없어도 사는 데 아무 불편할 것 없는, 말하자면 시는 아무것도 아닙니다 그러나 그 시는 우리가 인생을 걸고 부둥켜안고 있는 모든 것입니다. 시와 더불어 걸어가고 있는 생의 길목에서 한 해에 두 번쯤은 한 자리에 모여, 시와 인생을 이야기하면서 통음을 해도 좋지 않겠습니까. 올해 가을은 원주입니다. 깊어가는 원주의 가을을 오래 기억하고 싶습니다.

2019년 가을

박상옥

차례

햇살과 바람과 놀다가 별빛 아래 잠들다

– 창녕 우포늪

강달수

나무와 수초에게 속살 다 내어 주고
둑방길을 걷는 사람의 표정까지
환하게 밝혀 주고 데워 주는 억겁의 사랑

햇살과 바람과 함께 윤슬이 되어 놀다가
노을이 지면 붉은 묵상에 잠기는
일억 사천 년의 고요와 침묵

가슴에 띄워 놓고 출렁거리던 이마배
철새들의 날개짓도 가장자리에 정박시키고
별빛 아래 잠드는 창녕 우포늪

밤이면 달빛 포근하게 안아 주고
철새들의 잠꼬대까지 들어 주는

231만 평방미터의 저 너른 품과 관대함

강달수 • 1997년 등단. 시집 『라스팔마스의 푸른 태양』, 『몰디브로 간 푸른 낙타』, 『달항아리의 푸른 눈동자』. 동아대학교 대학원 문예창작과 졸업. 김민부문학제 운영위원장, 부산시인협회 부이사장. 사하문화연구소장 | **연락처 • 전화** 018-504-0519 **이메일** saha3838@hanmail.net
주소 (49429) 부산광역시 사하구 하신중앙로 265 가락타운 아파트 315동 1402호

장마

– 62병동

권경애

온몸이 무릎인 사람들의 나라에서는 무릎으로 말한다 무릎밖에 모르는 입으로 무릎의 말을 하고 무릎의 아픔을 무릅쓰고 일어서고 싶은 마음이 주룩주룩 무릎으로 내려온다

온몸이 무릎인 사람들의 곁에는 늘 온몸이 손인 사람이 머물며 무릎으로 쏟아지는 빗물을 퍼내기도 한다 가끔 온몸이 발인 사람들도 드나들며 무릎의 이마를 짚어보고 창 없는 무릎의 창을 내다보기도 한다

어제도
오늘도
내일도
……

길고 긴

터널

권경애•2000년 등단. 시집 『누군가 나를』, 『러브 버그』. | **연락처**•**전화** 010-4755-6638. **이메일** kwon5607@hanmail.net **주소** (04711) 서울특별시 성동구 난계로 114-31 금호베스트빌@102동 605호

하선下船 이후

김대용

당당함도 비바람 속에선 쉬 녹슬어
갈비뼈 앙상하게 드러낸 공룡처럼
선창가에 누워 있는 포경선
수평선 가로지르며 스크럼 짠 파도를 넘나들며
누구도 어디로 가는지 되물어 보지 않았던
우리는 창을 든 바다의 사냥꾼
바다에 스미는 정든 진눈깨비처럼
우연히 손잡자마자 지워져 버리던 그리움
고된 하루를 마감해 주던 욕정도
배반의 이름으로 결박 풀어 버리고
아무도 눈여겨보지 않는
때 묻고 지친 상륙의 발걸음들
지금은 소주가 주인
술 취한 눈물들은 믿을 게 못 되는걸
이제야 알면 어떤가

시름 깊을수록 파도는 침묵하고
날마다 일정하게 밀물 썰물
숨 고르는 임종이 가까운 바다
그때 긴장한 작살 날려 그대 등에 꽂힐 때
나를 끌고 그대로 해저로 잠겨야 했던
그렇게 껴안고 수장된 후에도
더욱 애타게 수면 위에 떠오르려던 갈증
집어등은 이미 꺼지고
한때 투명한 그물에 아가미 붙잡혀 요동칠 때마다
싱싱하며 오만한 자유였던 그대
일제히 추락하는 갈매기 떼들이
타오르는 섬광처럼 실핏줄 모아
온몸에 돋아난 긴장으로
이 세상 여기저기 얽힌
거미줄 같은 인연의 그물 당기면

그제야 눈짓으로 말하던
퍼덕이며 작으나 숨 쉬고 있는 것들
요동칠 때마다 다신 투신할 수 없게
조금씩 목조이며 위태롭던 가시고기 떼들

미지근한 체온 속으로 유영하면
잘 안다 다음 썰물 때까지
저리고 쓰린 동통이 계속 되리라는 걸
투신을 유혹하던 황홀한 그 힘
아직 바다는 나를 버리지 않았어
생채기 난 비릿한 바다 한 조각 다시 베어 물면
술잔에 다시 일렁이는 파도

김대용•제주 출생. 2019년 등단. 제주일고, 용인대 경희대학원 The university of Qatar (A, Gulf), 제주대 대학원 수학, 현 제주대학교 초빙교수. 아랍 지역 유학생활 12년. 아랍어 번역서 2권 펴냄. 100여 개국 여행 . 유도 공인 7단. | **연락처•전화** 010-3692-3932. **이메일** islamjeju@daum.net **주소** (63082) 제주도 제주시 노연로 42 정한오피스텔 1208호

하학

권달웅

비 그친 운동장에서 만났다
어미 따라 길을 나섰다가
길을 잃어버린 땅강아지 한 마리

딸각거리는 필통 속의 몽당연필처럼
침 묻혀 꼬불꼬불한 글씨를 쓰며
혼자 시오리 길을 가고 있다

앉은뱅이 꽃 피는 시골 학교 마당
구구단 외우지 못해 늦게까지 벌서다가
혼자 듣고 돌아가는 풍금소리처럼

권달웅• 경북 봉화 출생. 1975년 등단. 시집 『달빛 아래 잠들다』, 『염소 똥은 고요하다』, 『공손한 귀』 등. | **연락처**• **전화** 010-7302-1291. **이메일** kwondal22@hanmail.net **주소** (05502) 서울특별시 송파구 올림픽로 135 잠실동 리센츠 247동 2101호

자작나무 숲에 갔다가

권이영

눈 덮인 겨울날 자작나무 숲으로
자작나무 구경하러 혼자 갔다가
나만 구경당했네

수백, 수천, 수만의 자작나무
눈, 눈, 눈, 눈들이
일제히 나를 쳐다보았네

순백의 눈 위에 떨며 서 있는 나를
떼 지어 둘러싸고 구경하고 있었네

이 세상 살면서 한 점의 죄도
부끄러움도 없는 사람 있냐고
항변도 해 보았지만 자작나무들은
계속 나를 쳐다보았네

겨울 자작나무 숲으로

자작나무 구경하러 갔다가

나만 들키고 왔네

권이영 • 1941년 서울 출생. 1991년 등단. 시집 『천천히 걷는 자유』 고려대 법대, 연세대 행정대학원 졸업. 현대문예대학(현대문학사 운영) 수료. 성남문화원 시창작 강사(4년). 협회 심의위원(교류위원장 역임). 한국문인협회 회원. | **연락처 • 전화** 010-9001-5562. **이메일** kwoniy-ong@naver.com **주소** (13586) 경기도 성남시 분당구 분당로 201번 길 17 서현동 효자촌 112동 803호

빙하 1

권정순

물살 가르며 질주하던 동체들
연달아 날아오르고
하늘 저편에서 연이어 내리던 수상 비행정들
불혹이 지나서 방향을 놓쳐버린 걸까?
가끔씩 무중력 상태되어
자유 회전하는 나침반 바늘
수시로 지붕 위를 떠도는 비행기 소리들
푸른 바람 일으키며
허공을 몇 바퀴 돌아 깊게 스며들면
가슴 속 프로펠러가 돌기 시작한다
이름이 붙여지지 않은 강들을 건너
이름이 없는 산들을 넘고 넘어
번번이 찾아가는 풍경 속
밤 열한 시에도 환한 그곳
밝은 햇빛과 노닐고 있는 너른 호수

추카치* 산맥을 넘는 나에게 신호를 보낸다

경계를 넘으라고

종횡무진 떠돌지 말라

얼지도 녹지도 않는 채 품고 있는

해 묵은 동토凍土를 녹이라 한다

사뿐히 하강하라며

반짝거리는 물결 요동치듯 반긴다

* 추카치 산맥 : 알라스카에 있는 산맥

권정순 • 1992년 등단. 시집 『불가마 속으로 들어가다』. 국어교사 역임. 한국시인협회 회원. 현재 미국 거주. | **연락처 • 국제전화** 1-714-309-6889. **이메일** sandangwha@hanmail.net **주소** 8512 BUENA TIERRA PL. BUENA PARK CA 90621 USA

옆자리

공영구

아침에 눈을 뜨니
아내 자리가 비어 있다

창을 열고 밖을 보아도
어제 같은 기분이 아니다

늘 마주하던 얼굴
늘 스치며 맡았던 체취

잡은 손이 내 손 같고
얹은 다리가 내 다리 같은데

딸네 집에 간 지 하루 만에
이렇게 옆이 허전할 줄이야

미리 차려놓은 밥상 위에

반찬 그릇만 다정한 듯 붙어 있다

공영구 • 경북 영천 출생. 2005년 등단. 시집 『엄마의 땅』, 『여자가 거울을 보는 것은』, 『오늘 하루』, 『달빛 비우기』, 『누치떼를 보다』. 칼럼집 『말부자의 완행열차』. 문집 『방앗간집 아이들』. 대구경신고등학교 재직. 대구광역시문인협회 회장 역임. 한국문인협회, 대구시인협회 회원. 일일문학회장. | **연락처** • **전화** 010-7326-5009. **이메일** gongboll@hanmail.net **주소** (41145) 대구광역시 동구 방촌동 우방 강촌마을110-407호

춘분春分 무렵

김동경

당신이 돌아섰을 때
등 뒤로 냉이꽃이
무더기로 피어 바람에 흔들렸네
아마도 춘분 무렵이었나
우리가 봄을 나누어 가졌을까

당신이 가져간 봄 속에는
추억은 두릅처럼 향기롭게 자리하겠지
저녁은 이전보다 이르게 올지 모르나
당신이 눕는 방으로
따뜻한 불빛은 노을 지는 강처럼 흘러들겠지

내 봄의 깊은 숲에는
머지않아 아카시아 꽃 피어
당신의 향기로 말 걸어올지도 몰라

밤이 숨을 죽이면 소쩍새 울음은
변하지 않는 서러움을
폭포처럼 전해 오겠지

사랑은 기억하려 애쓰지 않아도
두릅 가시, 아카시아 가시처럼
그리움으로 박혀 빠지지 않는 것

당신이 돌아섰을 때
봄은 나누어진 것이 아니라
이제 우리들의 봄은 사라졌다고
냉이꽃 흔들리는 하늘 위
아득히 종달새 우네

김동경•1998년 등단. 시집 『배꽃이 지면』, 『백아홉 번째 방』. | **연락처**•**전화** 010-8353-5822, **이메일** noelnara@hanmail.net **주소** (17557) 경기도 안성시 원곡면 주정길 33-43

비밀의 축제

- 겨울의 나이아가라 폭포

김병택

수많은 갈매기들이 끊임없이
호수에 비끼며 춤을 추는 여기에선
낙하의 순간적 중지조차
결코 있을 수 없는 일이다

바위들 아래, 깊은 곳에 묻혔던
한 무리의 함성이 일만 년 전의
비밀과 함께 쏟아져 내리고

열렬하게 호응하는 추위와
열두 가지 색 밤하늘이 우리
기억의 한가운데에 자리 잡을 때

유람선 갑판에서 터져 나오는
사람들의 감탄사는
맑은 자음과 모음을 거느리며
짧은 유영을 시작한다

낙하의 분량과 동일한 분량의
슬픔이 분명히 있었을 터이지만

이 축제에 대해서는 아무도
아예 입을 열지 않는다

김병택•2016년 심상 등단. 1978년 현대문학 평론추천 완료. 시집 『꿈의 내력』, 『초원을 지나며』 등. 저서 『현대시의 예술 수용』, 『시의 타자 수용과 비평』 등 10여 권. | **연락처**•**전화** 010-3699-7637, **이메일** taek2714@empas.com **주소** (63104) 제주도 제주시 수덕로 78, 103동 1001호

추사秋史 세한도歲寒圖 암호

김상경

시절 인연이 그러한 이들은
청정함만이라도 지키려고
올곧은 삶 선택하기를 주저치 않았으리라

그 길은 외롭고 냉엄했으리니
문인화가 뜻함은
시공을 떠난 진실을 숨겨놓은
마방진魔方陣 같은 것이리

큰 님을 따를 때도 청정했고,
멀리 떠나 와 있을 때도 한결 같아서
더러는 그 뜻을 흠모하며
따르는 이가 있어 위로가 되었으리라

세월을 넘어선 뜻이

지엄한 스승의 훈계가 되어

그 소리 지금도 생생하니

시절인연을 어찌 가볍게 보겠는가

김상경•2000년 등단. 시집 『내겐 넉넉함이』, 『영혼의 나이테』, 『미래로 가는 계단』, 『난이도』, 『날갯짓』. | **연락처•전화** 010-5285-4026. **이메일** althor@daum.net **주소** (01008) 서울특별시 종로구 평창문화로 19, 1102호 (평창동 갑을아파트)

어머니경經

김선굉

어머니가 나를 낳으셨다
내가 시를 낳고
시가 어머니를 낳았다
어린 어머니
시의 손을 잡고
아장아장 걸어와서
시의 등에 업혀
둥게둥게 다가와서
퉁퉁 불은 젖을
내 입에 물리신다
만 권의 경전이
내 몸 속으로 흘러들고
나는 지금
그 글을 읽고 있다

김선굉•1952년 경북 영양 출생. 1982년 등단. 시집 『장 주네를 생각함』, 『아픈 섬을 거느리고』, 『밖을 내다보는 남자』, 『철학하는 엘리베이터』, 『나는 오리 할아버지』. 공동시집 『머리를 구름에 밀어넣자』외. 대구시인협회상, 대구광역시문화상 수상. | **연락처**•**전화** 010-2503-5100. **이메일** iop51000@hanmail.net **주소** (41186) 대구광역시 동구 아양로 49길 20 청기와아파트 106동 305호

계절

김선옥

어느 봄날
들판에 나갔더니
봄이 내 안에 들어와
활짝 꽃을 피우고 있었다

어느 여름날
내가 강가에 서성이는데
강이 내 가슴에 들어와
흐르고 있었다

구르몽의 시 낙엽처럼
낙엽 잎새 저버린 숲에 갔더니
어느새 가을이 다가와
바스락대고 있었다

봄 여름 가을 겨울 사시사철

내가 거기 가면 계절은 주인인 양

항시 먼저 와 내 앞에 머물고 있었다

김선옥•1987년 등단. 시집 『오후 4시의 빗방울』, 『모과나무에 손풍금 소리가 걸렸다』. | **연락처**•**전화** 010-9369-8603. **이메일** sunok4606@naver.com **주소** (08211) 서울특별시 구로구 신도림로16 대림 e편한세상 아파트 406동 2601호

절필[絕筆] 일기

김성춘

어머님이 보고 싶은 날
영혼의 외로운 새가 되어 울고 있는
어머님의 절필 일기를 본다

"오날은셔달열사헌날인대바람도만이불고
구룸도끼여서날이참았다저녁에우리츈이……"

행간[行間]에서 나를 부르는 카랑카랑한 목소리
흰 고무신짝 소리, 누런 잇똥, 생염불[生念佛], 주름살보다 깊은 고독
철자법이 괴발개발인
어머님 생[生]의 이런 항목들이
나를 행복하게 만들기도 하고
내 슬픔의 목록이 되기도 하면서
이승의 어떤 햇빛보다 눈이 부시게
온 몸에 밀물져 온다

오,

늦가을 햇빛보다 더 눈이 부신 당신의 구문構文 사이로

김성춘•1974년 등단. 시집 『방어진 시편』, 『흐르는 섬』, 『섬. 비망록』, 『그러나 그것은 나의 삶』, 『그대 집은 늘 푸른 바다로 넉넉하다』, 『요즘에는 이상한 바다도 있다』, 『겨울극락 앞에서』, 『바다와의 동행』, 『수평선에 **전화** 걸다』. 『비발디 풍으로 오는 달』, 『물소리 천사』, 『온유』. 울산대 사회교육원 시창작과, 경주 동국대 평생교육원 시창작과, 동리목월문예창작대학 시창작과 출강. 계간지 『동리목월』 기획주간 역임. 제1회 울산문학상. 경상남도문화상(문학). 제2회 〈월간문학〉 동리상. 바움문학상. 최계락문학상, 한국가톨릭문학상 수상 | **연락처•전화** 010-6563-5509, **이메일** kimsungchoon@hanmail.net **주소** (38048) 경북 경주시 현곡면 용담로 548 경주 센트럴 푸르지오 111동302호

묵음시첩 默吟詩帖

- 18 헌구두

김송배

얼마나 많은 세월을 나에게 의지했는가
한시도 나를 떠나서는 살아가기 어렵던
시절의 한이 맺혀 헌 몰골로 닳아 빠졌네
전신에 구멍이 숭숭 뚫려 찬바람이 들어와도
쓰레기더미에 버리지 마라
내가 낡아빠진 만큼 당신도 늙어버렸네

요즘은 날마다 허기져 누운 채
비좁고 깜깜한 신발장에 갇혀
나들이 길에 선택되지 못한 아쉬움
먼 기다림으로 헐떡이지만
뒤축이 문드러진 나의 골신骨身은
당신의 운명처럼 어디론가
천천히 흔적 없이 사라질 것이네

김송배 • 1984년 등단. 시집 『나와 너의 장법』 외 11권. 평론집 『감응과 반응』 등 5권. 시창작법 『김송배 시창작교실』 등 2권. 산문집 『지성이냐 감천이냐』 등 4권. 한국시인협회 심의위원. 목월문학포럼 중앙위원. 한국문인협회, 국제펜한국본부 자문위원. 한국현대시론연구회 회장. 한국시원 편집인. 윤동주문학상, 조연현문학상, 한국시학대상 수상. | **연락처 • 전화** 010-3797-8188. **이메일** ksbpoet@hanmail.net. 다음카페 http://cafe.daum.net/ksbpoet **주소** (03701) 서울특별시 서대문구 연희로11사길 16-4(청송시원)

사자평

김영란

막막한 갈대밭에 이르러
마지막 숨을 고르는 바람

사자평에 가보셨나요?

방주의 흔적을 찾아
수미봉으로 달려가던 갈대
허리가 부러진 채
윙윙 울음을 운다

휴대폰을 끄셨나요?

국화빵을 파는 노아의 후손
웃는 입에 치아가 하나도 없는데
식은 국화빵처럼 일그러진 바람이
그의 입을 막고 있다

끝끝내 수습하지 못하고 돌아온
내 눈물 몇 방울
아직도 떠돌고 있을

사자평에 가보셨는지요?

김영란 • 2000년 등단. 시집 『하늘수박』, 『옷장 속의 옷』. 그 외 공저 다수. | **연락처** • **전화** 010-8744-5751, **이메일** boribat5751@hanmail.net **주소** (05296) 서울특별시 강동구 명일동 양재대로 1650 래미안 솔베뉴 103동 2006호

이사를 하면서

김오민

많이도 망설였지만
길고양이 인연에 길잡이로

45년 살아왔던 집에서 이사를 나오게 되었다

광복을 맞으며
왜인[倭人]이 쫓겨가며 버렸다는

TV 방송에 나가 진가를 확인했던 용[龍]무늬 함궤 하며
아버지의 <애국 행진곡> 작사 당선 기사가 실린
노랗게 빛 바랜 1950년대 <수도 신문>에서
찰밥을 찧어 인절미를 만들었던 학 절구까지

처분해야 하는 물건들과
좀 더 소중히 간직해야 할 귀중품, 유품들 하며
유년 시절 형제들의 상장과 졸업장에 일기장까지
이 구석 저 구석에서 쏟아져 나왔다

언제였나 싶은
과거와, 추억과, 흔적들이
여기저기서 슬몃슬몃 고개를 들어 올린다

살아온 흔적들이
자랑스럽기도
구접스럽기도
처연하기도 하다

절반은
버리고, 처분하고, 남에게도 주고
절반은
꿰맞추고, 정비하며, 단도리를 시작한다

살아왔던 나날들의 결산이 시작되었다

김오민 • 1988년 등단. 시집 『제목없는 詩』, 『네 안에서 내가 흔들릴 때』, 『며칠 더 사랑하리』. 개인 시화전 3회. TV 드라마 / KBS 「드라마 게임」, 「신년 특집극」, 「인간극장」, MBC 「베스트 극장」, 「전원일기」 등 집필. 한국방송작가교육원, MBC문화센터, SBS문화센터 작법강사 역임. 부산에서 작가교실 운영. | **연락처 • 전화** 010-3224-7478, **이메일** omin1010@hanmal.net
주소 (22803) 인천광역시 서구 서달로 59-1 엑스포빌리지 8 가동 202호

산행山行

김종근

대청봉 별빛
내 배낭 속으로 쏟아져 온다

그 무게만큼
오히려 가벼워지는
일상의 무게들

시름 한 줌 들어내고
염소자리 별 넣고
짜증 한 줌 덜어내어
물병자리 별 넣고

귀때기청봉 새벽바람에
더운 몸 땀방울 절로 씻겨지면

아침 배낭 속 별들이

햇빛 한 잎 문 산새되어

푸드덕 날아오른다

김종근•2008년 등단. 시집 『홍시(紅柿)』, 『모나리자의 미소』. 대구 정동고등학교 교감 명예퇴직(2018). 옥조근정훈장(2015) 받음. 대구신문 「문화춘추」(2010) 집필. 대구문인협회, 대구시인협회, 수성문인협회 회원. | **연락처•전화** 010-5594-1213. **이메일** keun792@hanmail.net
주소 (42251) 대구광역시 수성구 노변로11, 101동 1203(노변동, 대백아파트)

어떤 날

김혜원

몇 날을

하루로 묶어 버리고 싶을 때는

단 한 사람의 손님이 되어

차창도

바퀴도 없는 열차를 타고 싶다

하얀 어둠이 내린

천 년이 하루 같은 그 역의

차표 한 장 들고

김혜원•1998년 등단. 시집 『어미거미의 외출』, 『물고기 시계』, 시로 쓰는 자서전 『비 개인 오후』. 단국대학교 문예창작학과, 중앙대학교 대학원 문예창작학과, 단국대학교 대학원 문예창작학과 졸업. 계간 시 전문지 『시로여는세상』 창간 위원. 한국시인협회 회원 | **연락처•전화** 010-3362-8177. **이메일** poem981@hanmail.net **주소** (17388) 경기도 이천시 마장면 서이천로 634번길 153

생강나무

김호진

생강나무 잎을 문지르면 생강냄새가 난다
이른 봄 산수유보다 한 뼘 먼저 꽃을 피운다
산수유보다 한 움큼 더 꽃피운다
지나가던 바람이 내 가슴을 문지른다
화근내 진동을 한다
지난 겨울 아궁이보다 한 겹 더 어두운
아니 한 길 더 깊은 그을음 냄새가 난다

김호진•1994년 등단. 시집 『생강나무』. 제16회 일연문학상 수상. | **연락처**•**전화** 010-2518-0673. **이메일** tab-77@hanmail.net **주소** (37356) 경북 의성군 금성면 탑리길 20(동산약국)

해바라기

류경화

밤낮없이 자랍니다
의문스러운 이 사태를 뱉어놓고
얼굴 가득 맺힌 뭇별
그것이 답인가 싶습니다
나는 어디로 크는 중일까요
지척에 강물은 멈췄다 갑니다
강물의 키를 본 적 없지만

더러는 생이라는 게
색깔별로 온다고들 하지
지금은 달 하나를 으깨 놓은 듯
막무가내 누렇기만 합니다
밭으로 아이들 뛰어듭니다
해바라기 정강이만 한
고것들 참 노랗습니다

류경화・2017년 등단. | **연락처**・**전화** 010-6521-6721. **이메일** superryou@hanmail.net
주소 (41225) 대구광역시 동구 아양로 24길 13 아이프라임 102동 1011호

절울

문상금

물결이

절벽에 부딪쳐

울부짖는

소리

비로소

눈을 감아야 들리는

심연深淵의

소리

묵직한

콘트라베이스의

연주

물 안과

물 밖

해녀海女의

숨비소리 같은

절울이다

또 절울이다

문상금• 1992년 등단. 시집 『겨울나무』, 『다들 집으로 간다』, 『누군가의 따뜻한 손이 있기 때문이다』, 『꽃에 미친 女子』. 서귀포문인협회 회장 역임. | **연락처**•**전화** 010-8952-0228. **이메일** msk0817@naver.com **주소** (63578) 제주도 서귀포시 현청로 19-7(서흥동)

채와 북 사이, 동백 진다

문인수

지리산 앉고
섬진강은 참 긴 소리다

저녁노을 시뻘건 것 물에 씻고 나서

저 달, 소리북 하나 또 중천 높이 걸린다
산이 무겁게, 발원의 사내가 다시 어둑어둑
고쳐 눌러앉는다

이 미친 향기의 북채는 어디 숨어 춤추나

매화 폭발 자욱한 그 아래를 봐라

뚝, 뚝, 뚝, 듣는 동백의 대가리들

선혈의 천둥

난타가 지나간다

문인수•1945년 경북 성주 출생. 1985년 등단. 시집 『늪이 늪에 젖듯이』, 『세상 모든 길은 집으로 간다』, 『뿔』, 『홰치는 산』, 『동강의 높은 새』, 『쉬!』, 『배꼽』, 『적막 소리』, 『그립다는 말의 긴 팔』, 『달북』, 『나는 지금 이곳이 아니다』, 동시집 『염소 똥은 똥그랗다』. 김달진문학상, 노작문학상, 미당문학상, 동리목월문학상, 대구광역시문화상 수상. | **연락처**•**전화** 010-2515-3987. **이메일** insu3987@hanmail.net **주소** (42034) 대구광역시 수성구 화랑로 32길 47(만촌동)

볏

박만진

벼슬이 볏이다
그 볏 붉디붉다

삼일절 만세 부르듯
새벽닭 운다

높은 해를 보고
알을 낳는 암탉이

제 알을 낳고도
화들짝 운다

누군가를 가리켜
닭대가리라 놀리지 마라

볏이 벼슬이다

그 벼슬 붉디붉다

박만진•1987년 등단. 시집 『빈 시간에』, 『슬픔 그 껍질을 벗기면』, 『물에 빠진 섬』, 『 마을은 고요하고』, 『내겐 늘 바다가 부족하네』, 『접목을 생각하며』, 『오이가 예쁘다』, 『붉은 삼각형』, 『바닷물고기 나라』. 시선집 『개울과 강과 바다』, 『봄의 스타카토』 등. 충남문학대상, 충청남도문화상, 충남시인협회상본상 수상. | **연락처**•**전화** 010-5435-3364. **이메일** manjini47@hanmail.net **주소** (31978) 충남 서산시 고운로 275-14, 104동 1005호 (동문동 코아루아파트)

서안書案

박무웅

뒤늦은 생각이지만
열 채의 집보다
낡은 서안書案의 주인이 더 아름답다

서안, 중국의 어느 지명 같지만
늦은 밤까지 나와 마주앉곤 하는
노안老眼을 지나 고요히
도착한 서안書案

소반小盤도 아닌 서안은
빈약한 한 끼를 차릴 순 없어도
글을 짓고 글을 음미하는 곳
수저를 달그락거리듯
시를 중얼거리는 곳

오늘, 몇 권의 얇은 독서와

한 장 편지를 쓴

소박한 나의 서안

옛 사람들처럼 몸을 흔들면서

난해를 풀고 온당함을 섞다 보면

밀물과 썰물의 때나

질문과 대답의 끄덕이는 그 시차가

동그랗게 뭉쳐지는 것이다

만평 영혼의 서실書室과

책 한 권 펼치기 비좁은 서안만 있다면

그보다 충만한 안거安居가

또 있을 것인가

박무웅 • 1995년 등단. 시집 『끼, 라는 날개』(세종우수도서 선정), 『지상의 붕새』, 『공중국가』. 월간 『시와 표현』 발행인 겸 주간. 도서출판 〈달샘〉 대표. 한국예술상 수상(2016). | **연락처** • **전화** 010-8907-9161. **이메일** happyv2011@hanmail.net **주소** (16705) 경기도 수원시 영통구 반달로 7번길 40, 평익빌딩 6층 7-2 도서출판〈시와표현〉

내 우편함은 속이 붉다

박상옥

아침 저녁 허방 짚는
우편함은 내 속이다

누군가 보내리라
꽃편지 한 장 목이 마르다

너를 향한 그리움으로
철없이 날려 보낸 말의 씨들
어느 길목에서 꽃 피고 있을까

내 우편함은
아직도 속이 붉다

박상옥• 1945년 대구 출생. 1993년 등단. 시집 『내 영혼의 경작지』, 『허전한 인사』, 『세월걸음』, 『아버지의 시간』. 대구시인협회 회원. 대구가톨릭문인협회장 역임. 대구문인협회 올해의작가상(2017) 수상. | **연락처•전화** 010-2524-7824. **이메일** psaimon@hanamail.net **주소** (41862) 대구광역시 서구 서대구로 8길 49. 2동 102호(보성홍실아파트)

적요의 저 온몸 필기체를 본다

박주영

화랑공원과 중앙초등학교 사잇길에
그늘이 들어선다
오후 2시와 3시 사이
이름 모를 벌레 한 마리 기어가고 있다
새들은 추락의 절벽 위에서 날아가는 법을 배운다지만
조것들은 인내심을 어디서 배운 걸까
티끌 같은 발로 눈물처럼 기어간다

햇살이 가만히 조팝나무 잎사귀에 손 얹고 있는 한낮
적요의 저 온몸 필기체를 본다
벌레는 회벽 아래로 기어가며 지금 시를 쓴다

박주영•1995년 등단. 시집 『문득, 그가 없다』. | **연락처**•**전화** 010-8854-2409, **이메일** jyp2409@hanmail.net **주소** (42042) 대구광역시 수성구 동원로 100 만촌 롯데 메트로팔레스 503동 801호

산책길

박향숙

방에 콕 하고 있을 수만 없어
쓰레기 분리하러 나가며
한 바퀴 걸을 생각이다

왕숙천 줄기 변에
고향의 강 정비 사업하는
굴삭기들이 열중인 모습

칸트를 생각한다
4시 이후 규칙적으로
산책을 하던 위인
그의 책을 읽고 싶은 마음이 든다

고향의 강은 얼마나 근사하게

정비되어질까

오리 가족은 왕숙천에서 물갈퀴 짓을 하고 있다

박향숙•2000년 등단. 시집 『아버지의 분홍일기장』. | **연락처**•**전화** 010-4396-5608. **이메일** Poethyang@daum.net **주소** (12010) 경기도 남양주시 진접읍 금강로 1554-20 장현 3단지 휴먼시아 306동 1505호

금

서은경

작업실 벽에 금이 갔다

위에서 아래로

길고 부드럽게 옆으로

지그시 눈을 감고 바라보면

봉우리 아름다운 산 같다

아스라한 낭떠러지도 있다

마음 느긋한 날 들여다 보면

저렇듯 괜찮은 풍경으로

고요해진 상처가

내 안에도 있으리

긴 슬픔의 시간을 지나

따스한 위안이 되기도 하는

잘 보이지 않는 천장 구석

가느다란 금

그어지고 있다

서은경• 경남 김해 출생. 1998년 등단. 성신여대 서양학과, 동대학원 판화학과 졸업. 개인전 〈인사아트센터〉 외 8회. | **연락처**•**전화** 010-9406-7298. **이메일** kyoung-530@hanmail.net
주소 (28193) 충북 청주시 상당구 낭성면 지산나박실길 104

사랑한다는 것은……

손상근

이렇게 사랑하는 걸 거야
혼자 아픔 안으며……

겨울 앞에서
따스함 조금씩 조금씩 감싸안으며
속으로 붉게 혼자 부풀다
어느 날
잡아매던 가슴, 어쩌지 못하고
동백꽃 봉오리 가슴 풀 듯

다, 보이고 나서
혼자 쌀쌀함 느끼면서

가슴엔 서릿가시가 돋으면서도
많이 시리면서도
어쩔 수 없는 걸 거야

꽃이 저 혼자
붉게, 다시 피다 또 지면서
말 못한 것들은
한 알 씨가 되어 가슴에 맺히고

향기를 남기고 돌아가듯이
사랑도 그런 걸 거야

저만치 반짝이는 별처럼

그와

닿을 수 없는 거리에 있다는 것으로

슬퍼하지 말아야 할 거야

늘 가슴에 와 뜨는 그를

곁에 둘 수 없다는 것으로

서운해하지 말고

아프지 않는 마음으로 바라보며

그를 그냥

사랑하며 살아가야 하는 걸 거야

손상근•충북 영동 출생. 1994년 등단. 시집 『풀꽃 향기』. 현재 국외 체류. | **연락처**•전화 010-5269-5071. **이메일** skson47@hanmail.net

나는 목수다

송광순

나는 남의 집만 고치는 목수다

영혼이 잠시 머물 집
붉은 슬픔으로 칠해진
철거 날짜 정해진 집만 수리하는
재개발 지역의 가난한 목수다

누군가 목수의 집도 부서지느냐고 물었다

남의 집 수리하느라
자기 집 불타는 줄도 모르는
나는 바보 목수다

송광순•대구 출생. 1995년 등단. 시집『나는 목수다』,『시야 미안하다』. 대구시인협회 회원. 현재 계명대학교 동산의료원 원장. | **연락처•전화** 010-3107-7575. **이메일** skspos@dsmc.or.kr **주소** (42040) 대구광역시 수성구 만촌동 메트로팔레스 201-402

꽂힌다는 거

손옥자

누가 깃발을
백사장에 꽂아 놨을까

펄럭펄럭
펄럭이는 깃발

붙잡힌다는 거 아니 꽂힌다는 거
그거

가끔
나를 붙들고 있는 깃대가 있어 참 안심이다
아니
든든하다는 생각을 하다가도

내게 마침 소슬한 바람이 불어와
이쯤에서 한번 차고 올라
비상하고 싶을 때 그때,
내 등덜미를 꽉 붙들고 있는-

때문에,
너에게 혹은 나에게 꽂힌다는 거
그거
견고하고 불편한 사랑

꽂히면서 바로 날개가 돋는
아프고도 슬픈 구조

손옥자•2002년 등단. 시집 『배흘림 등잔』, 『1번 출구 혹은 3번 출구』, 『사랑, 그 당당함에 대하여』. | **연락처•전화** 010-8860-6286. **이메일** poemson@hanmail.net **주소** (08323) 서울특별시 구로구 구일로 10길 53 현대아파트 101동 1205호

늙은 아비의 길은 점자 보도블록만 따라 걷는다

송유미

더듬더듬 눈 먼 지팡이 하나
길의 눈알을 곶감처럼
하나씩 빼먹으며 지나간다
톡톡…… 꿈이 닿지 않는 키보드처럼
제대로 밟아보지 못한 아쉬운 길도
텅 빈 머릿속을 지나가고 있다
감추어 놓은 욕망처럼 숨은 길은
길 안에서 자꾸 실타래처럼 꼬인다
항상 안으로 꼬리를 감춘 길이 문제이다
어떤 길은 걸어갈수록 오리무중五里霧中이다
어떤 길은 등나무처럼 끈질긴 절망을 이기고
디아스포라, 먼 하늘에 닿기도 한다
몸부림칠수록 몸이 더러워지는 길도 있다
눠우침으로 뒤범벅된 길들의 탄식은
김삿갓의 모자 같은 점자 보도블록이

힘없이 끊어진 곳에서만 들리고, 어둠에 빠진 길들이
맨홀 뚜껑을 열고 나와 대로를 질주하기도 한다
제대로 노후 대책도 없이 직장에서 모가지 잘린
늙은 아비의 길은 점자 보도블록만 골라 걷는다
캄캄하게 길이 보이지 않을 때까지
흥얼흥얼…… 길은 노란 모자를 쓰고……

송유미•서울 출생. 시집 『살찐 슬픔으로 돌아다니다』, 『검은 옥수수밭의 동화』 등. | **연락처**•**전화** 010-9191-4329. **이메일** jjjj999jj@hanmail.net **주소** (48102) 부산광역시 해운대구 양운로 87 좌1동 우체국 사서함 20호

공중을 들어올리는 하나의 방식

송종규

기억의 반을 세월에게 떼 준 엄마가 하루종일
공중에게, 공중으로, 전화벨을 쏴 댔다 소방호수처럼
폭포를 이룬 소리들이 공중으로 가서 부서졌다

휘몰아치는 새 떼들

머리 위에 우두커니 떠 있는 공중, 나는
공중에 머리를 박고
공중에 대해 상상하다가 공중을 증오하다가
털신처럼 깊숙이 발 밀어 넣고 공중에서
공중을, 그리워하다가 들이마시다가

깊은 밤 불 밝힌 네 창으로 가기 위해
내 방의 불을 켠다
네 불빛과 내 불빛이 만나 공중 어디로 가서
조개처럼 작은 집이라도 짓기나 한다면

이것은 연애가 아니라 공중을 일으켜 세우는 하나의 방식

모든 공중에, 모든 공중을, 의심하거나 편애하거나
생략하기도 하면서

휘몰아치는 저 새 떼들

송종규•1989년 등단. 시집 『공중을 들어올리는 하나의 방식』 등. 대구문학상, 대구시문화상, 시인광장작품상, 애지문학상, 시인광장문학상 수상. | **연락처**•**전화** 010-6780-2015. **이메일** jksong0914@hanmai.net **주소** (42199) 대구광역시 수성구 지범로 39길 12 범물 청구 101동 906호

밤꽃이 피었어요

신기섭

어느 날 문득 당신이 보였어요

언덕에 올라 바람을 가슴에 안고 높다랗게 연을 올리고
밤늦은 때는 e메일로 소리 없는 접속을 시도해 보았지요

소식이 오지 않는 것도 아니고 풍경 속 모습도 아닌데
가까이 하려면 언제나 가까이할 수 있는 당신인데
도무지 당신을 알 수 없네요

그래서 저는 밤마다 불연소不燃燒 나무등걸로 타오르며
난데없이 매캐한 연기만 마시고
속절없는 눈물을 쏟아내고 있습니다

6월 어느 날 눈부신 하루를 견딜 수 없어 친구와 강가로 나갔습니다
장구에 장단 맞춘 패거리들과 깔깔거리며 유쾌하게 지낸 강가에는

조약돌이 유난히도 반짝거리며 눈을 찔렀습니다

그곳에는 하늘을 이고 수도 없이 많은 밤꽃이 샛노랗게 핀 걸,

그 흥건히 저리는 밤꽃 향기를 한껏 마시고 속절없이 취한 저를

그대는 아시는지?

신기섭•1983년 등단. 시집 『수부의 깊은 잠』, 『그대 꿈꾸던 세상 눈떠 오는가』, 『해무경보』, 영한시집 『사막의 장미석 Rose Stone in Arabian Sand』. 문집 『벤치』. 자선 소설집 『매, 세계를 날다』 UAE Sharjah Int'l Bookfair 초청작가(2014). 현대건설 프로젝트 코디네이터. 국회정책연구위원. 도화엔지니어링 부사장(중동본부). 한양대 경상대, 서강대 공공정책대학원 출강. | **연락처**•**전화** 010-5261-8522. **이메일** ksshin1001@gmail.com **주소** (13631) 경기도 성남시 분당구 탄천상로 164(구미동, 시그마2오피스텔) D-216

시[詩]를 쓰는 이유[理由]

신미철

왜쓰는것일까?

밥이되어배를불릴수도
옷이되어날개가될수도
돈이되어가난을구제할수도없는시[詩]!
그런시[詩]를
시인들은왜쓰는것일까
밤새도록쓰고지우고또쓰고……
한평생왜쓰는것일까?
물질위에영혼의향기를불어넣어
절름발이안되는삶을위함일까
마지막, 나를위한
영혼의보루[堡壘]를지키려는의지때문일까

시詩는우리가슴속

푸르른오솔길-

- 고향으로가는징검다리

신미철•충남 서산 출생. 1983년 등단. 시집 『솔바람』, 『 바다가 보이는 집』, 『밤꽃 피는 계절이 오면』, 『나 나무되어 숲 이루네』, 『봄을 기다리는 나무』, 『까치소리 들리는 아침』. 『가을빛 목소리』, 『옛 이야기』, 『시가 익어가는 가을 숲』, 『마음을 열면 길이 보인다』, 시 선집 『솔바람 오솔길』. 모교 예산여자고등학교 교정 시비(詩碑) 건립(2003). 충청문학상. 노산문학상. 서초문학상 수상. | **연락처**•**전화** 010-2425-4315. **이메일** shinmichul@yahoo.co.kr **주소** (06649) 서울특별시 서초구 반포대로 24길 41-14 (서초동 남강빌딩 5층)

면벽

신승근

방 하나를

환하게 비웠습니다

잡동사니들을 보내고 나니

방안 가득

고요가 내려와 쌓입니다

자리 틀고 앉았습니다

오롯하니 이젠 내가

잡동사니 같습니다

작은 사발 하나 소반에 얹어

방 한가운데에 놓았습니다

맑고 향기로운 바람이

사발 안에 다소곳이 담겼다가

나를 다시

고요의 심연으로 데려다 줍니다

내 몸도 덩달아

환하게 밝아옵니다

신승근 • 강원도 정선 출생. 1979년 등단. 시집 『바람이 접시에 닿고 있을 때』, 『그리운 풀들』, 『언젠가는 저 산의 문을 열고』, 『저 강물 속에 꽃이 핀다』. 연작시집 『이외수』. 교직 은퇴 후 정선에서 농사를 짓고 있다. | **연락처 • 전화** 010-5233-2461. **이메일** suryuje@hanmail.net **주소** (26102) 강원도 정선군 북평면 장열길 79-21

하늘 주차장

신윤자

아날로그 주차장에 CCTV를 달 이유가 없다
수동 기어를 단 차는 오르기에 급급, 시멘트 통로로 하늘 오르는
나는 스릴 극의 주인공이 된다

천 냥만을 고집했던 소박했던 삶들은 엑스트라 빌딩 천정을 이고
있어, 헤십는 구멍 경계에서 철조망은 방치된다. 호기심 번들거리
는 눈동자는 윙윙거리는 굉음을 쫓아 가속 페달에 발을 얹는다

철거된 집 갈 데 없는 고양이 은비의 야옹거림, 비둘기 날개 무덤
부러진 벽화, 머리채 휘감는 쇠비름 손바닥, 마른 비명들이 하나
씩 자동차 엘리베이터에서 살아나고 있었다

당신의 아날로그 주차장에서 나는
콩알만 한 간을 진단해야 한다

신중하고 빠른 동작으로 단역을 마친 당신은 "두 번의 스릴 극은 더 이상 즐기고 싶지 않음"이라고 중얼거리겠지

여름 습도로 구겨지는
꼬리 없는 구름 팻말에 이르러
나는, 간신히 하늘 주차장에 오른 듯
하늘이 CCTV 렌즈인 듯
양손 번쩍 치켜들고야 만다

신윤자•2011년 등단. | **연락처**•**전화** 010-5047-8055. **이메일** poem9005@hanmail.net
주소 (41411) 대구광역시 북구 연경동 동화천로 280 101동 213호

선물

신원희

항아리가 꽃을 피우는 아침
꽃은 사람처럼 잠을 자며
천천히 깨어나서 기지개를 켜듯
꽃잎을 펼쳤다

하늘에서 막 선물이 도착했다
작은 고사리 손을 움켜쥐고서
용감하게 온 보드라운 손가락에서
구름꽃 향기가 났다
흰 구름을 타고서
이 행성에 온 것을 축하해

미세먼지 없는 초록별에서
허리에 찬 철조망 걷어내고
천지와 백록담에 손 적시며
만났으면 우리 얼마나 좋았을까

국경을 건너는 공항의 밤이 깊어가는구나
바람은 제가 원하는 곳으로 분다지
나뭇잎에 제 흔적을 남기며
바람구두를 신은* 마녀처럼
안데스 산맥 오지를 찾아가니
커피꽃이 하얗게 피어 있더구나
호세 아저씨의 페도라를 빌려 쓰고
말을 타고 가는 산길이 기분좋구나

안데스 산맥을 넘어가는 저 뭉게구름을
선물로 보내마

* 랭보의 시에서

신원희 • 2007년 등단. 부산작가회의 회원. | **연락처** • **전화** 010-5633-7648. **이메일** hwangys@dau.ac.kr **주소** (48091) 부산광역시 해운대구 해운대 해변로 163 현대베네시티 101동 1102호

종착역엔 사랑이 살고 있다

신표균

삼백오십 여 임종을 지킨 호스피스
하얀 시트마다 애벌레의 꿈을 심는다
간 쓸개 모두 떼어 준 유충들
꼭꼭 숨겨 둔 사랑 ∞ 속에 담아
흰배추나방 되어 훨훨 나는 꿈울 꾼다

연인들 하나 둘 떠나가고
어둠은 발자욱 지우며 외로움 쓸어내지만
전나무 가지 끝에 매달려
바람의 심장 속을 맴돌던 밀어 한 마디
끝내 떠나지 못하고
저무는 플랫폼 벤치에 내려앉아
사랑을 쓴다

저만치서 멀뚱한 시그널

기차 떠난다고 파란 신호등 다시 켜면

에벌레의 꿈도 깨어나 훨훨 날아 오를 테지

종착역엔 사랑이 살고 있다

신표균 • 경북 상주 출생. 2007년 등단. 시집 『어레미로 본 세상』, 『가장 긴 말』, 편저 『참꽃 시 100인 선집 참꽃』, 『달성 100년 참꽃 1000년』 외. 논문 「김명인 시의 길 이미지 연구」외. 고려대문우상 수상 외. 고려대학교 인문정보대학원 문학예술학과 졸업. 새마을지도자연수원 교수. 대구문인협회 부회장, 한국문인협회 달성지부 회장 역임(현 고문). 한국문인협회 대외협력위원(현). 비영리 법인 도동시비동산운영회 회장(현) | **연락처 • 전화** 010-3808-6666. **이메일** ynplus@chol.com **주소** (04385) 서울특별시 용산구 서빙고로 67 파크타워 102동 2507호

투명한 유리컵

윤강로

빈 컵이 앞에 있다
반쯤의 갈증과
반쯤의 출렁임

빈 컵에 찍힌 손가락의 지문指紋
삶의 지문指紋은 얼마나 복잡한가

정갈한 흰 손수건으로 지문指紋을 닦는다
빈 컵을 보면서
한 모금의 맑은 물을 생각한다

투명한 갈증이 바람처럼 고인다
티 없이 투명한 물컵
나의 갈증이 바람만큼 가벼워진다

갈증에 시달리는 건 가여운 일이지만

누군가 말한다

함부로 마시면 무겁게 추락한다고

윤강로•1976년 등단. 시집 『불꽃놀이』, 『피피피 새가 운다』, 『오늘도, 피피피 새가 운다』, 『먼 천둥 피피피 새야』, 『비어 있음의 풍경』, 『별똥전쟁』, 『사람마다 가슴에 바람이 분다』, 『작은 것들에 대하여』. 고려대 국문과 졸업. 한국시인협회 심의위원. 한국문인협회자문위원. 심상시인회 회장 역임 등. | **연락처•전화** 010- 8714- 4496. **이메일** yoon4496@hanmail.net **주소** (01170) 서울특별시 강북구 도봉로 49길 20-8

소리

윤용선

풀밭 사이를
녹슨 시간이 걸어가고 있다
빈 하늘에 던지면
저항도 없이 흩날리는 꽃잎들
여린 목숨도, 쓸쓸함도
풀밭 사이를
맨발로 걸어가고 있다
말로는 어쩌지 못하는
가장 절실한 것들이
밍밍한 바람결에
목을 내밀고 있다
작은 순수를 위하여
마지막 살아 있는 소리 하나
풀뿌리 밑에서 귀를 열고

또 먼 길을

지금 막 떠나려 하고 있다

윤용선• 1989년 등단. 시집 『가을 박물관에 갇히다』, 『꼭 한 번은 겨자씨를 만나야 할 것 같다』, 『사람이 그리울 때가 있다』, 『딱딱해지는 살 2018년』 등. 춘천 작은도서관 운동 공동대표. 강원 국제 비엔날레 이사. 문화 커뮤니티 금토 이사장 역임. 강원문인협회 자문. 〈시와 소금〉 편집 자문. 춘천문화원 원장. | **연락처**• **전화** 010-4217-3079. **이메일** 4you1009@hanmail.net **주소** (24415) 강원도 춘천시 지석로 97, 101동 402호 (석사동 현진에버빌 1차)

봄눈

– 춘설春雪은 가슴에서 내린다

이동희

일곱 살 적 눈강아지가 언젠데
고래희에도 눈이 내린다며
아내가,
창밖을 내다보며 풍금소리를 낸다

왜 모르겠는가

동요나라 공주였을
캐럴 마차 방울소리였을
꿈 많은 소녀 애창곡이었을……
켜켜이 쌓인 적 · 설 · 량 · · ·

풍금마다 잃어버린 노래가 있다는 것을
왜 모르겠는가

이동희•1985년 등단. 아호 유연(油然). 시집 『빛더듬이』, 『사랑도 지나치면 죄가 되는가』, 『은행나무 등불』, 『벤자민은 클래식을 좋아해』, 『북으로 가는 서정시』, 『하이델베르크의 술통』, 『뜻밖의 봄』, 『차가운 그림 문자』. 수상록 『숨쉬는 문화 숨죽인 문화』,『우리 시대의 글쓰기』, 『시심으로 읽는 세상』, 시 해설집 『시의 지문 1-우리 시조의 재발견』, 『시의 지문 2-우리 현대시의 재발견』, 문학평론집 『문학의 즐거움 삶의 슬기로움』,『문학의 두 얼굴』, 『시를 읽는 몇 가지 방법』 외. | **연락처**•010-9966-0537. **이메일** poetldh@hanmail.net **주소** (55065) 전북 전주시 완산구 소태정 4길. 23-8 〈린다랑네〉301호

카뮈에게

이명수

카뮈는 나에게 여행을 가치있게 만드는 것은 두려움이라고 했다
하나, 카뮈는 멀리 여행한 적이 없다 차를 타는 것에 병적인 불안,
공포가 그를 차로 실어 날랐기 때문이다

그런 그가 자동차 사고로 죽었다

이스탄불 블루모스크 광탑光塔을 올려다보며 신심이 깊으면
천국에 갈 수 있을까를 생각하고 있을 때 뒤에서 폭탄 테러가
일어났다

때로는 위험한 곳이 안전하다
폭탄이 떨어진 자리가 더 안전하지 않은가
카뮈여, 닥쳐올 위험에 대한 두려움보다
두려움 뒤에 무엇이 올까를 걱정하자

카뮈여, 안전한 것은 얼마나 먼가
그러나 여기까지 오는 동안
나를 지나게 해 준 길에 대해 감사하자
별들이 내 앞길을 비춘다 어둠의 밀도가 깊어질수록
별은 더 빛난다

삶의 의미보다 삶을 더 사랑하듯
나는 여행의 위치보다 여행을 더 사랑한다
어느 계절을 두려움없이 사랑하듯

카뮈여
두려운 것은 여행보다 먼 곳에 있다

이명수•1975년 등단. 시집 『공한지』, 『울기 좋은 곳을 안다』, 『카뮈에게』 외. 시선집 『백수광인에게 길을 묻다』. 한국시인협회상 수상. | **연락처**•**전화** 010-5286-7809. **이메일** ims4528@hanmail.net **주소** (02875) 서울특별시 성북구 보문로 29 다길31 삼선푸르지오 아파트 114동 903호

옥수수 따는 날

이보림

한 여름 키다리 여자女子는
아기 밴 배 내밀고
긴 잎새 어깨춤 달 그늘에 숨어
알알이 튀는 속 길
햇살 바늘로 눈금 맞춰
초록 옷 겹겹이 기워 입고
행여 어느 바람에 네 기다림의
시간이 유산이라도 될까 초산의 눈빛으로

밭두렁 흙 속에 다섯 발가락
힘차게 묻어 붉은 힘줄 드러낸다

칠월七月 뙤약볕에 여민 가슴
긴 하루가 숨 막히는 날
잉태 꽃술 피면

네 머리칼 까맣게 타는 내음으로

한꺼풀 한꺼풀 풀어 눈부신 살빛

너와 내 손끝 첫 아기 사랑처럼

떨렸다

이보림• 1998년 등단. 한양대학교 문예창작과 수료. 마로니에 백일장 입선. 한국방송대학교 국어국문학과 4학년 재학 중. 남양주시인협회, 한국문인협회 회원. | **연락처**• **전화** 010-2576-4063. **이메일** dkz2000@hanmail.net **주소** (12163) 경기도 남양주시 화도읍 소래비로 130 서희스타힐스 103동 707호

알다가도 모를 꽃

이상호

한창 물오르는 시절이 꽃 피는 청춘이라면
한참 불사르는 시절은 단풍 고운 만추이지

미수의 어르신께서 이순의 애늙은이에게
아직 좋은 때라고 말의 꽃다발을 건네듯
지나간 날들은 모두 좋은 시절로 채색되지
피어도 다시는 지지 않을 꽃으로 피어나지

꺾은 꽃으로 만들어진 꽃다발이 아름답다면
꺾인 청춘으로 받아든 늘그막도 단맛일 거야

목숨을 타고 난 꽃들은 어김없이 피고 지지만
지기 위해 피는 꽃, 질 줄 알고 핀 꽃은 없지
그래도 우리는 알다가도 모르지 저들의 속내
죽을 지경에야 피는 꽃, 죽어서도 피는 꽃들

이상호•1982년 등단. 시집 『금환식』, 『그림자도 버리고』, 『시간의 자궁 속』, 『그리운 아버지』, 『웅덩이를 파다』, 『아니에요 아버지』, 『휘발성』, 『마른장마』, 『속살과 새살』, 『너무 아픈 것은 나를 외면한다』. 한국시인협회 이사. 한양대학교 한국언어문학과 교수. 대한민국문학상 신인상. 편운문학상. 한국시문학상. 문화관광부장관 표창. 문화관광체육부 장관 표창. | **연락처**•**전화** 010-3270-5318. **이메일** shlee2368@hanmail.net **주소** (05450) 서울특별시 강동구 천호대로 193길 37, 107동 401호

시련

이승재

우연한 만남은
시련試鍊이었습니다

거미줄에 걸린 나방처럼
사랑의 덫에 걸려 몸부림치며
미친 듯이 좋아했던 마음도 더
가까이 다가서지 못했던 안타까움도
모두 시련試鍊이었습니다

젊은 날 내 진실된 마음에
시련試鍊 이란 상처를 남기고 간 사람
지금쯤 아름다운 단풍같이 변해있을……

보고 싶은 마음조차 시련試鍊으로 만든

먼- 기억 너머에 살고 있을 그

시련이란 사람이 보고 싶습니다

이승재•2009년 등단. 아호 수인. 시집 『차라리 돌이 될 것을』. 한국시인협회 회원. 한국공인중개사협회 사무총장. | **연락처•전화** 010-5565-1768. **이메일** 46sjlee@hanmail.net **주소** (16931) 경기도 용인시 기흥구 이현로 29번길 72-19, 119동 502호 (성호 샤인힐 아파트)

어둠 속으로

이정모

높은 곳으로 오는 빛은 내 것이 아니니 스쳐 가시고
낮은 곳의 아픔은 내가 죄를 다 받겠으니
모두가 똑같이 눕는 정직한 밤이여 오라
폭군처럼, 점령군처럼 주문도 없이 오라
오늘의 감정을 지우는 울음에 쓸모가 있고
또, 그래야 낮에 우리가 버린 것들, 동물의 소리를 주워 담을 수 있지
때때로 어둠은 키스처럼 우리가 될 수 있다는 것
동사무소처럼 늘 곁에 있지만, 뒤라는 말처럼 막막하지만
캄캄하고 의심 없는 세계의 뚜껑을 열어 잠과 꿈도 주지
그러나 안타깝게도 개처럼 일을 하고 햇볕을 소비해야 해
그래야 불행한 세계에서 행복해 질 수가 있어
절망의 가지에 불을 붙이고 위로가 불가능한 것들을 찾아 헤매다
삶의 가시에 찔려, 사무치는 것들은 모두 검은데
다시 아침에 일어날지 아닐지도 모르는
위험한 세상은 덮어야 해, 형형한 어둠이 말을 걸어오면
검은 그림자 허청대며 고독으로 소모되고

어둠을 복용한 약효가 나타나는 나는 표적인지 미끼인지
밤하늘 저 별들의 침묵 앞에서 자꾸 필요한 무언가가
아가리를 벌리고 이빨을 드러내는 것을 본다
긴 그림자를 이끌고 사랑이 어디론가 사라진다
문자가 없는 것들이 감정에 말을 거는 것을 밤의 식물인듯
나는 쳐다본다 어둠이나 밤이 할 수 있는 것들
밤마다 꿈꾸고 있는 수수만 년 전 그 꿈의 환생이
도시의 골목에 진주하면 나도 그림자가 되고
또 달리 부를 이름, 허공의 폭력이 싫어 빛을 그냥 통과시킨다
어차피 빛과 어둠의 사이, 경계란 넘나들기 위한 것
고백하건데, 숭고하게 떨어지는 꽃이란 없다
내 속에서 허물어지는 빛이 이제 나를 거둬 갈 시간이 된 것이고
허공은 때가 되었다고
우리네 삶 같은 물비늘로 반짝, 어둠 속으로 끌고 가는 것이다

이정모•2007년 등단. 시집 『제 몸이 통로다』, 『기억의 귀』, 『 허공의 신발』. 부산작가회의 회원. 요산문학관 감사. | **연락처**•전화 010-7707-0530. 이메일 ljm9863@hanmail.net 주소 (48065) 부산광역시 해운대구 해운대로 483번길 10. 8동 204호(우동 롯데)

석류

이정란

그것 외에 아무것도 아니다

빛의 길고 오랜 방랑이 석류를 위해 존재해 왔다
태양에 지쳐 모자로 눈을 가리고 언덕에 누운 사이
피로에서 붉음을 빼내 단지 석류에게만 던져 준 것

전생도 붉음 후생도 붉음인 석류 앞에 빛깔로 나설 물건이 없다
아,라는 날카로운 칼날에 벌어진 입술이 차가움에 환각된다

숨을 뱉어 단단함을 연다. 숨이 닿는 순간 부스러지고 갈라져 해체되는 붉음. 소멸과 드러냄을 왕복하는 방식으로 문을 열고 닫는다. 밀착되지 않는 구석 자리는 몸에 각을 만들어 밀고 나간다. 더러 튕겨 나가는 밀폐 공간, 폐쇄를 밀어버리는 광부처럼 입으로 입으로 광맥을 파헤치다

끝내 붉은 기억만

영 캐럿

이정란•1999년 등단. 시집 『어둠‥ 흑맥주가 있는 카페』, 『나무의 기억력』, 『눈사람 라라』, 『이를테면 빗방울』. | **연락처**•**전화** 010-4047-1686. **이메일** siseem@daum.net **주소** (03442) 서울특별시 은평구 증산로17길 6-27 301호

이 저녁, 풍화하는 것들

이희정

기별없이 애틋한 것이

어찌 너뿐이랴

바람의 풍화가

바위의 섬돌을 깎아

사구를 만들었듯

상처는 깊었어도

서툰 질문도 없이

음표로 쏟아져 나온다

하오쯤 되면

낙타의 등에 꽂히기도 하고

골밀도 낮아지는 정강이에

스며들기도 하겠지만

쉼표도 없이 시작되는

못갖춘마디의 음색이다

어찌할거나

기별없이 애틋한 것이

어찌 너뿐이랴

이희정•광주 출생. 1994년 등단. 시집 『그리운 서역국』, 『기쁨의 수로』 등 7권. 한국시인협회 상임위원. 현 사회복지사. | **연락처**•**전화** 010-3588-8035. **이메일** hjehwa@hanmail.net
주소 (07018) 서울특별시 동작구 사당로 16사길 1-6

꽃 피는 가장자리에

임승천

그 마지막 길에서
늘 그랬던 것처럼
호수의 얼굴로 다가와 바라볼 일이다

마르지 않는 샘물을 보며
내내 기나리던 순간은
불꽃의 순간을 타오르고

오다가 다시 가버리는
봄의 따스한 정경 앞에
소망스런 빛으로 남겨지는 일
그것은 다시 사는 징조

진정, 다른 봄이 올지라도

조용한 소리의 빛깔로 남을 일이다

다시 피는 꽃의 가장자리 거기 있을 일이다

임승천• 1951년 충남 공주 출생. 1985년 등단. 시집 『하얀 입김으로』, 『밤비둘기의 눈』, 『노들레 흰들레』, 『진또베기의 노래』, 『무게, 그 현란한 꿈』, 『숲길 지나 가을』. 한국예술가곡 작시 활동(총 150여곡, 음반 102장). 독집 〈그리운 사람아, 2010〉, 〈금강에서, 2013〉, 〈눈썹담, 2018〉, 〈가을 그리고 강물, 2018〉. 도봉여중, 서울여고, 금옥여고 등 40여 년 교육계 헌신. 심상시인회, 구로문인협회, 한국예술가곡사랑회 회장 역임. 한국시인협회 상임위원, 한국문인협회 문학기념물 조성위원회 위원, 한국기독교문인협회 회장, 충남시인협회 심의위원. 한국기독교문학상(2009), 월간문학상(2014) 수상. | **연락처**•**전화** 010-3736-7789. **이메일** hindle@hanmail.net
주소 (08350) 서울특별시 구로구 오리로 1102-10. 209동 1302호(천왕동 연지타운 2단지)

도라지꽃

임종천

내가 너를 처음 본 날은
어머니가 도망간 날이었다

마음이 먹먹한 난
눈물 숨기려고 뒤뜰로 갔다

어머니가 눈물 뿌리며
가꾸던 작은 꽃밭

네가 꿈속처럼 서 있었고
나는 눈물을 왈칵 쏟았다

9살, 나는 그때부터
슬픔 속에 숨은 그리움을 키웠다

임종천•1995년 등단. 시집 『그리움만 길을 잃은 고아가 됩니다』. 저서 『부부 치유학』, 『상처 입은 자존감의 치유』, 『하나님 마음이 아파요』 외. | **연락처**•**전화** 010-2290-0591. **이메일** ljc0591@hanmail.net **주소** (34331) 대전광역시 대덕구 덕암로 246 2층(덕암동)

지우개

임지현

해와 달 틈서리에 서서
나는 지우개가 되었습니다

해를 지우고
달을 지우고
맑음과 어둠을 지우기를
반복했지만

지워지는 건
나 자신임을 알았습니다

이러다간 사시사철
뼈와 살이
하나도
안 남겠지만

지워져야 하는 까닭으로

여기 그냥 섰습니다

임지현•1985년 등단. 시집 『대보름 날 해방촌』, 『그리움 쏘아 올리기』, 『등 하나 켜고』, 『나는 아직 날개를 접지 않는다』, 『누가 시간을 쓸고 있는가』,『산행 시편』, 『틈과 틈』, 『산을 만나 산을 벗다』. 번역시집 『내 안에서 꺼낸 빛살(Sunshine from my heart)』. | **연락처**•**전화** 010-3442-9067. **이메일** jihyun-2003@hanmail.net **주소** (04346) 서울특별시 용산구 회나무로 28길 58

어떤 우연에 대한 질문

장승진

오늘 난 생전 처음
생각지도 못했던
눈썹 문신을 하고 머리 파마를 했다
아침엔 파리 노트르담 사원이 불붙어
첨탑 넘어가는 장면을 꿈인 양 보았고
바로 5년 전 오늘엔
황열병 주사를 맞고 오는 길에
바다에 가라앉는 세월호 뉴스를 들었다

무수한 사건들이 오늘을 지나갔고
또 앞으로도 그러할 것이다
벚꽃 화창한 축제 같은 이 날에
속절없이 보고 듣고
느낄 뿐이다

눈 감고 귀 막을 것인가

우연과 필연 사이에서 논쟁할 것인가

이른바 전문가들의 의견에 동조할 것인가

그냥 침묵할 것인가 침묵할 것인가

구속받지 않을 자유를

즐기며 스스로 위로할 것인가

살아남은 자로서의 고뇌에 감사할 것인가

회개하며 반성할 것인가

술이나 마시자는 친구의 권유에

망설이는 자신을 자책할 것인가?

장승진• 강원도 홍천 출생. 1991년 등단. 시집 『한계령 정상까지 난 바다를 끌고갈 수 없다』, 『환한 사람』. 갈뫼, 삼악시, A4동인. | **연락처**• **전화** 010-6382-2611. **이메일** sjjang333@naver.com **주소** (24447) 강원도 춘천시 영서로 2169 퇴계이안 아파트 107동 501호

동백꽃

정용기

먼 남쪽 두고 온 바닷가에
풍문처럼 이른 동백꽃 피던 시절

스물한 살 애타는 청춘은
기다려도기다려도 오지 않는 봄을 탓하며
묶어도 묶어도 매듭이 풀어지는 사랑이 야속하여
출렁거리는 파도를 어쩌지 못해
마음의 국경을 허물었다

76연대 대공진지에서 연병장을 향해
캐레바50 실탄 한 박스를 다 비웠다

그해 봄

그 연병장에

스물한 살이 내지른 청춘이여

아프게 흩어진 동백꽃이여

정용기•2001년 등단. 시집 『하현달을 보다』, 『도화역과 도원역 사이』. 공주 금성여자고등학교 교사. | **연락처•전화** 010-2419-7514. **이메일** ramfa@naver.com **주소** (30130) 세종특별자치시 노을1로 16 첫마을아파트 2020동 1103호

그리운 제국

정이경

제국을 그리워하는 날들이 많았다
크고 작은 그 제국의 황제가 되고 싶었기 때문은 아니다
견고함으로 무장된 성벽 사이로
시대를 막론하고 흘러나오는 노래가 있는 제국을 꿈꾸었다
부끄러운 고백들과 뒤통수가 간지러운 말들은 죄다
딘칼에 처단하라는 명령이 내려졌다
오백 년도 더 된 느티나무 아래가 흥건하다
아무런 감흥 없이 지나가는 삶을
시답잖은 시선으로 경멸해야 할 것이다

정이경• 1994년 등단. 시집 『노래가 있는 제국』, 『고요아침』, 공저 『시인은 다섯 개의 긴 더듬이가 있다』. 경남 올해의 젊은작가상. 경남문협 우수작품집상 수상. 경남문인협회 이사. 경남시인협회 사무국장. 진해문협. 계림시회 회원. 경남문학관 근무 | **연락처• 전화** 010-8571-3589. **이메일** kala-jung@hanmail.net **주소** (50361) 경남 창녕군 남지읍 문화길35-3, 103-401

낮달

정훈

식어가는 사랑의 체온같이

낙마한 정치권의 쓸쓸한 퇴장같이

바람벽 중절모 세월 자국 같은 것이

혼백같이

초등학교 때에도 멀찌감치 내 뒤를 따라다니더니 어른이 되어

늙어가는 지금도 내 그림자를 놓치지 않으니

내 허투루 길품을 팔지 못하리

정훈 • 1994년 등단. 시집 『식스시그마』. 우산(愚山)그룹 회장. 대구광역시중구문화원장 역임. 법무부범죄예방위원, 대구지방법원 민사조정위원, 대구고등법원 민사, 가사 조정위원. 대구상공회의소 부회장 역임. | **연락처 • 전화** 010-3824-5595. **이메일** wsan21@ hotmail.com **주소** (42028) 대구광역시 수성구 달구벌대로 2435, 두산위브더제니스 102동 702호

좋겠다

조덕자

좋겠다

참 좋겠다

눈부신 햇살 아래 깊어진 세월이 청동빛 그림자로 꽃피는 하루

삼십 오년 자동차 기름밥에 머슴으로만 살아온 시간

젊은 날은 늘 별보기와 캄캄한 골목길 산책이 취미였고

밤낮이 바뀐 얼굴에 불쑥 불쑥 피어나던 노란 달맞이꽃

한때는 공돌이, 공순이라 불리던 젊은 날의 초상

쉴 틈 없이 톱니바퀴에 매달려 기름 냄새로도 장미꽃이 피던 시절

산업 역군이라는 멀미나도록 빛나는 이름표를 달아준 적도 있었지

그들은,

육십이 다 되도록 식구들 생의 바퀴 굴려 주느라

일 년 삼백육십오 일이 아닌 삼백육십육 일에

말뚝 박힌 채 맑은 하늘 한번 올려다보지 못하고

굽어진 등 한번 펴보지도 못한 채 살아온 남루한 반백의 세월

유리지갑 연봉 육천이면 귀족이라고, 자영업자라고

혀 짧은 그들의 논리로 한 번에 격상시켜 주는 세상에 살아남아서 참 좋겠다. 내 남편은, 그리고 우리는……

조덕자・경남 하동 출생. 1997년 등단. 시집 『가구의 꿈』, 『지중해 불루같은』. 한국작가회의, 울산작가회의 회원. 제1회 울산작가상 수상. | **연락처**・**전화** 010-7400-6204. **이메일** zo513@hanmail.net **주소** (44420) 울산광역시 중구 성안2길 22-3

양귀비꽃

조영미

하늘도 내려앉는 슬픔 눈물로 떠받들고
이별 붙잡고 주저앉아 풀린 다리 버티고
직립한 채 살아온 한평생

사진 한 장 그림 한 점 없는 실향민 가족 사진
북녘 하늘 그리움으로 오려 붙인 지 어언 70년 넘고
얼굴 없는 문신 까닭 없는 이념 가슴팍 몸서리칠 때마다
비틀고 짓이겨 꺾은 불멸의 양귀비꽃
생명을 태우는 담배꽁초 입에 물고 한숨 퍼올린다

동그란 뭉게구름 꾸역꾸역 나오는 게 부끄러웠지만
하얀 구름 타고 사라질까 봐 엄마 옷깃 꼬옥 부여잡고
발 동동거리고 서 있던 유년의 뜨락
지금 남루하게 늙어가는 가슴속에 죽어서도
새록새록 부활하시는 어머니

붉은 혈연 엉킨 핏줄 가닥가닥 모아

다시 피어나는 양귀비꽃 뜨겁게 고고하다

조영미•1997 등단. 시집 『눈 내리는 날이면 경춘선을 탄다』. 한국문인협회 문학사료 발굴위원. 남양주여성문학회 회장. 민족통일 남양주지회 사무국장. 남양주 시민 대상, 2018년 통일부 장관상 수상. | **연락처**•**전화** 010-8290-0895. **이메일** wirb077@naver.com **주소** (12176) 경기도 남양주시 화도읍 마석로 55

저잣거리에서

조주숙

푸른 항공 점퍼 흰 마스크의 사내가 청소 수레를 끌고 간다
청소 수레 양쪽에 플라스틱 빗자루 두 개씩이
대나무 싸리나무 수수나무 갈대나무로 흔들린다
한 손에는 주황색 쓰레받기가 들려 있고
쓰레받기 옆에 붙여 놓은 집게통에는 집게가 꽂혀 있다
축축한 입김에 불려 이리저리 날아다니는 비닐봉지
바람난 말 주머니 한 귀퉁이를 간신히 낚아챈다
뻥을 빼어내고 주둥이를 단단히 묶는다
저잣거리에 굴러다니는 욕설같은 개똥을 빗자루로 쓴다
가래침이 엉켜 붙은 크리넥스 휴지를
함부로 내뱉은 험담처럼 쓰레받기에 쓸어 담는다
날리는 종이조각에 인쇄된 글들이 지라시 같다
지라시로 떠도는 음모를 집게로 길게 집어 쓰레기통에 넣는다

땅에 들러붙어 안 떨어지려는 것들을 한바탕
장대비가 휩쓸고 가고 사내는 청소 수레를 밀며
푸른 하늘 한 자락 흰 구름 한 점을 끌며간다

조주숙 • 1996년 등단. 시집 『무인 카메라』, 『내 사랑의 오류』, 공동시집 『내가 잠잠하다』, 『내가 필요해』 외. | **연락처** • **전화** 010-9204-3509, **이메일** beein@hanmail.net **주소** (21523) 인천시 남동구 만수서로 55, 향촌 휴먼시아@ 1단지 128동 1304호

아슬란, 자작나무 숲이 보낸 답장

최애란

내 안의 아이들에게 편지를 쓴다

분홍색 원피스 끝단을 배배 꼬는 아이, 다락방에서 훌쩍대다
다리를 배배 꼬는 또 다른 아이, 옷장 문을 열고 분홍으로 발발
들어간 아이, 마녀를 따라 숲으로 발발 들어간 아이, 아슬아슬
아슬란을 따라 별별 소문에 들어간 아이, 자작나무 숲에서

나는 내 안의 아이들에게 설익은 마음을 들켰다네

아슬아슬 맘까지 말며 내려간 아이, 목소리가 커져 들리지 않는
아이, 덜 익은 별별 아이들을 마녀가 우울하게 내려다본다네

나보다 팔다리가 긴 내 안의 아이들, 데려와야겠네 더는 흘러들지 않도록 더는 흘러내리지 않도록, 주저앉혀야겠네 단단히 나를, 접어야겠네

내 안의 아이들로부터 답장이 왔다

……

최애란 • 2006년 등단. 2000년 〈인터넷문학상〉 대상 수상. | **연락처** • **전화** 010-7272-9388. **이메일** simoim@hanmail.net **주소** (42179) 대구광역시 수성구 청수로 274 힐스테이트 105동 3104호

썸머라떼 타임

하두자

지나가는 새털구름 이름이야
거품처럼 녹아내리는 한낮
뜨겁게 달아오른 비상구에
목덜미가 미끈거리는

심장을 누르면서
지금은 테이크아웃 타임

한바탕 소나기가 지나가고
빗방울이 눈부신 그늘에 골몰하는 시간
하얀 물보라로 끓어오르는 멜로디의 두근거림으로

그래서 지금은 썸머라떼 타임

뭉글거리는 권태로 부서지는 빨강, 파랑 노랑, 보라
눈 먼 향기에 친친 감긴
차가움을 뒤집어 쓴 넘보라살이야

색깔을 훔쳐가는 여름이 장악하는 뒤란
두근두근 한 줌의 평온 빌려오는 떨림에
우리는 탁자 위에 턱을 궤고
슈가프리 라떼향을 기다리는 타인들

썸머라떼 타임이야

한 겹씩 벗겨지는 내 얼굴을 밀면서

하두자•1998년 등단. 시집 『물수제비 뜨는 호수』, 『물의 집에 들다』, 『불안에게 들키다』 외. 리토피아문학상 수상. | **연락처•전화** 010-5413-7110. **이메일** jadooha@hanmail.net **주소** (03001) 서울특별시 종로구 비봉길 92, 102호(구기동 삼익빌라)

내 몸통에 봄을 이식하고 있다

한선향

해마다 어김없이 찾아오는 한 마디의 봄
천천히 아껴 걷는 길에서
어쩔 수 없이 속독으로 읽을 수밖에 없는
오늘의 봄이 구겨진다
내가 딛고 온 길들을 말줄임표로 밀어 놓고
소망 한 줄 늘어뜨린 시계추가 똑딱똑딱
황혼의 꽃바람을 일으키고 있다
낡은 바람의 문체로 완성한 꽃은
내 안에서 수시로 변하는 카멜레온
환상의 봄을 지금 나의 몸통에 이식하고 있다

내 몸통에 봄을 이식하고 있다

한선향•2005년 등단. 시집 『비만한 도시』 외 공저 다수. 시섬문학상 수상. 시 낭송 지도자. 별빛 시낭송대회 대상. | **연락처**•**전화** 010-5508-4340. **이메일** hjhj9904@hanmail.net **주소** (42195) 대구광역시 수성구 지범로 21길 3, 106동901호(지산동, 지산보성맨션)

시론詩論

한택수

시에 대한
많은 이론이
나를 괴롭혔다

하나의 울타리를 벗어나기 위해선
더 많은 시간이 필요했다

내가 나를 벗어날 수 있을 때
그때 몇 편의 시가
나를 이야기해 줄 수 있을는지
나를 이해해 줄 수 있을는지

한택수•1950년 강릉 출생. 1985 등단. 시집 『길고 먼 무지개』 외. 성균관대 사서교육원 수료. 서울경제일보 기자 역임. | **연락처**•**전화** 010-7355-9545. **이메일** htspoet@hanmail.net **주소** (22615) 인천광역시 서구 검단로 419 왕길동 원흥아파트 106동 105호

김을 매다가 호미자루가 빠졌다

허림

뿌리가 깊었든가 돌에 걸렸을 거라 생각했다
그대 생각에 마음 한구석이 휑하였다
밭 두렁에 씨앗을 넣을 때도
호미자루 되박는 일이 잦아졌다
마음이 돌아난 자리마다 풀이 무성했다
고랑에선 고라니가 새끼를 쳐 갔고
희고 붉은 꽃들이 읽어낸 그림자가 누워 있었다
바람이 불자 마른 꽃씨가 날았다
서로 가야 할 또 다른 세계는 어딜까
한 몸을 이루었지만 늘 겉돌았다
별 도리 없는, 헐거워진 생의 안부를 묻는
먼 곳의 전화는 뜸했고 눈이 자주 내렸다
먼 길까지 마중삼아 눈길을 냈다

허림 • 강원도 홍천 출생. 1992년 등단. 시집 『신갈나무 푸른 그림자가 지나간다』, 『노을강에서 재즈를 듣다』, 『울퉁불퉁한 말』, 『이끼, 푸른 문장을 읽다』, 『말 주머니』, 『거기, 내면』. | **연락처** • **전화** 010-2282-7749, **이메일** mailto:gjfla28@hanmail.net **주소** (25170) 강원도 홍천군 내면 가덕길 22(지당아랫집)

흔적

황근식

뒷모습에 대한 기억은 오래 간다

방울방울 떨어지던 눈물에 대한 기억도 오래 간다

흔들리며 걸어가던 네 발소리도 오래 간다

많은 시간이 지난 지금, 돌이켜지지 않는 지금 이 시간

어쩌란 건지 지금에서야

모란은 마구 피고

마구 지는데

다시 떠오르는 네 기억 어쩌란 것인지

태워버리면 없어질

사진 한 장 같은 흔적들

황근식•1976년 등단. 시집 『수숫대의 꿈』, 『환상시첩』, 《신감각》, 《네사람》 동인. | **연락처**•
전화 010-3008-4110, **이메일** adad1515@naver.com **주소** (10881) 경기도 파주출판도시 광
인사길 103, 3층(아침나라)

그 비린 것 한 토막

홍경나

비린 것 한 토막이 먹고 싶다 하셨네

할머니는 즐기던 녹두죽도 근 가웃 사태살 폭 고아 베 밥수건 바쳐
끓인 장국죽도 곱게 쌀알 갈아 홀홀하게 익힌 무리죽도 응이[薏苡]도
기어이 넘기지 못했네

음식 솜씨 짭찔받던 그니는
뜬숯 피운 풍로에 새옹밥 짓고
적쇠 걸어 간갈치 한 토막 노랑노랑 구워내셨네
솔솔 김이 오르는 이밥 위에 얹어주던
그니는 잔가시 지느러미 살 발라 먹고
간지숟가락에 뜬 이밥 위에 실한 살점 골라 얹어 주셨네
그니가 아, 하면 나는 따라 아, 입 벌려 받아먹었네
아, 입 벌려 제비새끼같이 받아먹었네

아시를 보고 생청을 부리는 내게 빈젖을 물려 주던 그니가
이제는 북천北天 바다 갯내 같은 비린내를 풍기는 그니가
물에 만 밥에 비린 것 한 토막 얹어먹고 싶다 하시네

나 혼자 아, 아, 입 벌려 받아먹은
그 비린 것 한 토막

홍경나·2007년 등단. | **연락처**·**전화** 010-8866-3439, **이메일** kyungnahong@hanmail.net
주소 (05640) 서울특별시 송파구 마천로1, 105동 202호

참나무시듦병

황순애

내 몸은
썩어 들어 절단났지만
내 혼은
고스란히 남아
이 숲을
지키고 있다네

단풍잎들은
말라비틀어지고
햇살도
훈풍도
새들도 떠나고

난 이 숲에서
당신들의 새순을
준비해 주고 있었다네

비 오면 빗물에
몸 씻어 주고
눈나리면 흰옷 입혀
찬바람 막아 주었다네

내 남은 육신 썩어
당신들 몸 속의
피가 될 때까지

풀이여

꽃이여

나무여

숲이여

거름이 된

나의

병이여

황순애 • 강원도 춘천 출생. 1998년 등단. 시집 『황홀한 당신』. | **연락처** • **전화** 010-4650-4929. **이메일** phania884@gmail.com **주소** (06635) 서울특별시 서초구 사임당로 17길 116 서초 삼성래미안 101동 1102호

2019
심상시인회 정회원 주소록

강달수 018-504-0519. **이메일** saha3838@hanmail.net **주소** (49429) 부산광역시 사하구 하신중앙로 265 가락타운 아파트 315동 1402호

권경애 010-4755-6638. **이메일** kwondal22@hanmail.net **주소** (04711) 서울특별시 성동구 난계로 114-31 금호베스트빌@102동 605호

권달웅 010-7302-1291. **이메일** kwon5607@hanmail.net **주소** (05502) 서울특별시 송파구 올림픽로 135 잠실동 리센츠 247동 2101호

권이영 010-9001-5562. **이메일** kwoniyong@naver.com **주소** (13586) 경기도 성남시 분당구 분당로 201번 길 17 서현동 효자촌 112동 803호

권정순 **국제전화** 1-714-309-6889. **이메일** sandangwha@hanmail.net **주소** 8512 BUENA TIERRA PL. BUENA PARK CA 90621 USA

공영구 010-7326-5009. **이메일** gongboll@hanmail.net **주소** (41145) 대구광역시 동구 방촌동 우방 강촌마을110-407호

김대용 010-3692-3932. **이메일** islamjeju@daum.net **주소** (63082) 제주도 제주시 노연로 42 정한오피스텔 1208호

김동경 010-8353-5822. **이메일** noelnara@hanmail.net **주소** (17557) 경기도 안성시 원곡면 주정길 33-43

김병택 010-3699-7637. **이메일** taek2714@empas.com **주소** (63104) 제주도 제주시 수덕로 78, 103동 1001호

김상경 010-5285-4026. **이메일** althor@daum.net **주소** (01008) 서울특별시 종로구 평창문화로 19. 1102호 (평창동 갑을아파트)

김선굉 010-2503-5100. **이메일** iop51000@hanmail.net **주소** (41186) 대구광역시 동구 아양로 49길 20 청기와아파트 106동 305호

김선옥 010-9369-8603. **이메일** sunok4606@naver.com **주소** (08211) 서울특별시 구로구 신도림로16 대림 e편한세상 아파트 406동 2601호

김성춘 010-6563-5509. **이메일** kimsungchoon@hanmail.net **주소** (38048) 경북 경주시 현곡면 용담로 548 경주 센트럴 푸르지오 111동302호

김송배 010-3797-8188. **이메일** ksbpoet@hanmail.net. **카페** http;//cafe.daum.net/ksbpoet **주소** (03701)서울특별시 서대문구 연희로11사길 16-4(청송시원)

김영란 010-8744-5751. **이메일** boribat5751@hanmail.net **주소** (05296) 서울특별시 강동구 명일동 양재대로 1650 래미안 솔베뉴 103동 2006호

김오민 010-3224-7478. **이메일** omin1010@hanmal.net **주소** (22803) 인천광역시 서구 서달로 59-1 엑스포빌리지 8 가동 202호

김종근 010-5594-1213. **이메일** keun792@hanmail,net **주소** (42251) 대구광역시 수성구 노변로11, 101동 1203(노변동, 대백아파트)

김혜원 010-3362-8177. **이메일** poem981@hanmail.net **주소** (17388) 경기도 이천시 마장면 서이천로 634번길 153

김호진 010-2518-0673. **이메일** tab-77@hanmail.net **주소** (37356) 경북 의성군 금성면 탑리길 20(동산약국)

류경화 010-6521-6721. **이메일** superryou@hanmail.net **주소** (41225) 대구광역시 동구 아양로 24길 13 아이프라임 102동 1011호

문상금 010-8952-0228. **이메일** msk0817@naver.com **주소** (63578) 제주도 서귀포시 현청로 19-7(서흥동)

문인수 010-2515-3987. **이메일** insu3987@hanmail.net **주소** (42034) 대구광역시 수성구 화랑로 32길 47(만촌동)

박만진 010-5435-3364. **이메일** manjini47@hanmail.net **주소** (31978) 충남 서산시 고운로 275-14, 104동 1005호 (동문동 코아루아파트)

박무웅 010-8907-9161. **이메일** happyv2011@hanmail.net **주소** (16705) 경기도 수원시 영통구 반달로 7번길 40, 평익빌딩 6층 7-2 도서출판〈시와표현〉

박상옥 010-2524-7824. **이메일** psaimon@hanamail.net **주소** (41862) 대구광역시 서구 서대구로 8길 49. 2동 102호(보성홍실아파트)

박인식 010-3727-6395 **이메일** pyou87@hanmail.net **주소** (06665) 서울특별시 서초구 방배로 104(4층)

박주영 010-8854-2409. **이메일** jyp2409@hanmail.net **주소** (42042) 대구광역시 수성구 동원로 100 만촌 롯데 메트로팔레스 503동 801호

박향숙 010-4396-5608. **이메일** Poethyang@daum.net **주소** (12010) 경기도 남양주시 진접읍 금강로 1554-20 장현 3단지 휴먼시아 306동 1505호

서은경 010-9406-7298. **이메일** kyoung-530@hanmail.net **주소** (28193) 충북 청주시 상당구 낭성면 지산나박실길 104

손상근 010-5269-5071. **이메일** skson47@hanmail.net **주소** 현재 국외 체류

손옥자 010-8860-6286. **이메일** poemson@hanmail.net **주소** (08323) 서울특별시 구로구 구일로 10길 53 현대아파트 101동 1205호

송광순 010-3107-7575. **이메일** skspos@dsmc.or.kr **주소** (42040) 대구광역시 수성구 만촌동 메트로팔레스 201-402

송유미 010-9191-4329. **이메일** jjjj999jj@hanmail.net **주소** (48102) 부산광역시 해운대구 양운로 87 좌1동 우체국 사서함 20호

송종규 010-6780-2015. **이메일** jksong0914@hanmai.net **주소** (42199) 대구광역시 수성구 지범로 39길 12 범물 청구 101동 906호

신기섭 010-5261-8522. **이메일** ksshin1001@gmail.com **주소** (13631) 경기도 성남시 분당구 탄천상로 164(구미동, 시그마2오피스텔) D-216

신미철 010-2425-4315. **이메일** shinmichul@yahoo.co.kr **주소** (06649) 서울특별시 서초구 반포대로 24길 41-14 (서초동 남강빌딩 5층)

신승근 010-5233-2461. **이메일** suryuje@hanmail.net **주소** (26102) 강원도 정선군 북평면 장열길 79-21

신윤자 010-5047-8055. **이메일** poem9005@hanmail.net **주소** (41411) 대구광역시 북구 연경동 동화천로 280 101동 213호

신원희 010-5633-7648. **이메일** hwangys@dau.ac.kr **주소** (48091) 부산광역시 해운대구 해운대 해변로 163 현대베네시티 101동 1102호

신표균 010-3808-6666. **이메일** ynplus@chol.com **주소** (04385) 서울특별시 용산구 서빙고로 67 파크타워 102동 2507호

윤강로 010- 8714- 4496. **이메일** yoon4496@hanmail.net **주소** (01170) 서울특별시 강북구 도봉로 49길 20-8

윤용선 010-4217-3079. **이메일** 4you1009@hanmail.net **주소** (24415) 강원도 춘천시 지석로 97, 101동 402호 (석사동 현진에버빌 1차)

이동희 010-9966-0537. **이메일** poetldh@hanmail.net **주소** (55065) 전북 전주시 완산구 소태정 4길. 23-8 〈린다랑네〉301호

이명수 010-5286-7809. **이메일** ims4528@hanmail.net **주소** (02875) 서울특별시 성북구 보문로 29 다길31 삼선푸르지오 아파트 114동 903호

이보림 010-2576-4063. **이메일** dkz2000@hanmail.net **주소** (12163) 경기도 남양주시 화도읍 소래비로 130 서희스타힐스 103동 707호

이상호 010-3270-5318. **이메일** shlee2368@hanmail.net **주소** (05450) 서울특별시 강동구 천호대로 193길 37, 107동 401호

이승재 010-5565-1768. **이메일** 46sjlee@hanmail.net **주소** (16931) 경기도 용인시 기흥구 이현로 29번길 72-19, 119동 502호 (성호 샤인힐 아파트)

이정모 010-7707-0530. **이메일** ljm9863@hanmail.net **주소** (48065) 부산광역시 해운대구 해운대로 483번길 10. 8동 204호(우동 롯데)

이정란 010-4047-1686. **이메일** siseem@daum.net **주소** (03442) 서울특별시 은평구 증산로17길 6-27 301호

이희정 010-3588-8035. **이메일** hjehwa@hanmail.net **주소** (07018) 서울특별시 동작구 사당로 16사길 1-6

임승천 010-3736-7789. **이메일** hindle@hanmail.net **주소** (08350) 서울특별시 구로구 오리로 1102-10. 209동 1302호(천왕동 연지타운 2단지)

임종천 010-2290-0591. **이메일** ljc0591@hanmail.net **주소** (34331) 대전광역시 대덕구 덕암로 246 2층(덕암동)

임지현 010-3442-9067. **이메일** jihyun-2003@hanmail.net **주소** (04346) 서울특별시 용산구 회나무로 28길 58

장승진 010-6382-2611. **이메일** sjjang333@naver.com **주소** (24447) 강원도 춘천시 영서로 2169 퇴계이안 아파트 107동 501호

정용기 010-2419-7514. **이메일** ramfa@naver.com **주소** (30130) 세종특별자치시 노을1로 16 첫마을아파트 2020동 1103호

정이경 010-8571-3589. **이메일** kala-jung@hanmail.net **주소** (50361) 경남 창녕군 남지읍 문화길35-3, 103-401

정 훈 010-3824-5595. **이메일** wsan21@ hotmail.com **주소** (42028) 대구광역시 수성구 달구벌대로 2435, 두산위브더제니스 102동 702호

조덕자 010-7400-6204. **이메일** zo513@hanmail.net **주소** (44420) 울산광역시 중구 성안2길 22-3

조영미 010-8290-0895. **이메일** wirb077@naver.com **주소** (12176) 경기도 남양주시 화도읍 마석로 55

조주숙 010-9204-3509. **이메일** beein@hanmail.net **주소** (21523) 인천시 남동구 만수서로 55, 향촌 휴먼시아@ 1단지 128동 1304호

최애란 010-7272-9388. **이메일** simoim@hanmail.net **주소** (42179) 대구광역시 수성구 청수로 274 힐스테이트 105동 3104호

하두자 010-5413-7110. **이메일** jadooha@hanmail.net **주소** (03001) 서울특별시 종로구 비봉길 92, 102호(구기동 삼익빌라)

한선향 010-5508-4340. **이메일** hjhj9904@hanmail.net **주소** (42195) 대구광역시 수성구 지범로 21길 3, 106동901호(지산동, 지산보성맨션)

한택수 010-7355-9545. **이메일** htspoet@hanmail.net **주소** (22615) 인천광역시 서구 검단로 419 왕길동 원흥아파트 106동 105호

허 림 010-2282-7749. **이메일** mailto:gjfla28@hanmail.net **주소** (25170) 강원도 홍천군 내면 가덕길 22(지당아랫집)

홍경나 010-8866-3439. **이메일** kyungnahong@hanmail.net **주소** (05640) 서울특별시 송파구 마천로1, 105동 202호

황근식 010-3008-4100. **이메일** adad1515@naver.com **주소**. (10881) 경기도 파주시 광인사길 103 3층(아침나라출판사)

황순애 010-4650-4929. **이메일** phania884@gmail.com **주소** (06635) 서울특별시 서초구 사임당로 17길 116 서초 삼성래미안 101동 1102호